AF509325

CHEMIN DE FER DE PARIS A ORLÉANS

EXPLOITATION

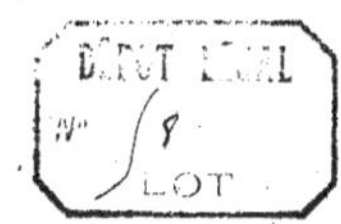

COURS PRATIQUE ÉLÉMENTAIRE D'EXPLOITATION DES CHEMINS DE FER

LIVRE III

ORGANISATION INTÉRIEURE DES GARES

ÉCRITURES DES TRAINS. -- RÉPARTITION DU MATÉRIEL

CAHORS
IMPRIMERIE TYPOGRAPHIQUE COUESLANT
(Personnel intéressé)
1927

LIVRE III

—

Organisation Intérieure des Gares

ÉCRITURES DES TRAINS. — RÉPARTITION

—

TITRE I

SERVICE INTÉRIEUR DES GARES

Conférence de M. PICAUD

Inspecteur (Service du Mouvement)

On désigne sous le nom de gares ou stations les points où le public est en contact avec les chemins de fer pour les diverses opérations concernant les transports.

Sur le réseau d'Orléans, ces points de contact sont classés suivant l'importance du trafic, du mouvement des trains et des manœuvres qui y sont effectuées, en :

  « Gares principales de 1re ou de 2e classe. »
  « Gares de 1re, 2e, 3e, 4e, 5e ou 6e classe. »
  « Stations. »
  « Haltes. »

Instruction 3 (2e tirage).

Dans les stations comme dans les gares, le service consiste essentiellement à acheminer les voyageurs avec leurs bagages et les marchandises, voitures, animaux, etc., expédiés en grande ou en petite vitesse.

Toutefois, quelques stations et haltes ne sont ouvertes qu'au service des voyageurs et des bagages et des envois effectués en grande vitesse ; d'autres assurent simplement le service des voyageurs et des bagages.

En dehors des gares, stations et haltes, il existe enfin des points d'arrêt qui n'assurent qu'un service de voyageurs sans bagages et ne délivrent des billets qu'aux voyageurs à destination des gares, stations et haltes voisines.

Organisation intérieure des Gares

Dans les gares et stations, le service est organisé d'après les besoins du trafic local et l'importance du service du Mouvement. Dans les unes comme dans les autres, le nombre des agents affectés aux divers rouages est déterminé en tenant compte du travail qui leur incombe ; il est donc forcément variable d'une gare à l'autre, mais les principes généraux restent les mêmes pour tous les établissements. Dans les stations et dans les gares moyennes on réunit simplement plusieurs services pour les confier à un ou plusieurs agents. Le service des stations à faible trafic est même assuré souvent par un seul agent (chef de station ou Gérante si l'intervention de la station n'est pas indispensable pour la circulation des trains).

L'examen de l'organisation d'une grande gare (genre de Bourges, Châteauroux, etc.) fera mieux comprendre comment sont effectués les principaux détails du service, la manière dont sont utilisés tous les organes ainsi que le rôle exact de chacun d'eux.

Les divers services d'une gare de l'importance de celles précitées comprennent :

le Bureau du Secrétariat,	la Lampisterie,
les Aiguilleurs,	la Caisse Centrale,
le Bureau du Télégraphe,	le Liquidateur général.

Ces organes font partie du Service Général de la gare. Les autres rouages constituent deux groupes placés sous la direction et la surveillance des sous-chefs de gare :

1° les Services de Grande Vitesse ;
2° les Services de Petite Vitesse ;

Ajoutons qu'au point de vue de la surveillance, le Bureau du Télégraphe, les Aiguilleurs et la Lampisterie sont généralement rattachés aux Services G. V. et la Caisse Centrale avec le Liquidateur Général aux Services P. V.

Les services de Grande vitesse qui sont indiqués ci-après, assurent le transport des voyageurs et de leurs bagages ainsi que celui des marchandises (postaux, messageries et denrées), des animaux, des voitures, etc., remis par les expéditeurs pour être acheminés par les trains de voyageurs ou les trains spécialement affectés au transport des denrées et messageries.

a) Pour les voyageurs :
1° *Les Recettes* chargées de la délivrance des billets ;
2° *Le Contrôle* auquel incombe la vérification des titres de circulation dont les voyageurs doivent être porteurs ;
3° un service de *Renseignements.*

b) Pour les bagages :
1° *au départ*, un bureau d'enregistrement ; un service de bascule (pesage et étiquetage). La Manutention proprement dite pour la conduite des colis aux trains et le chargement dans les fourgons ;
2° *à l'arrivée*, le déchargement, la reconnaissance et la livraison au public ;
3° un service de *Consigne.*

c) Pour les marchandises, voitures, animaux, etc... :
1° un service de reconnaissance et de livraison ;
2° un bureau G. V. chargé de l'établissement des écritures afférentes aux transports et de la Comptabilité ;
3° un service de Manutention.

d) Pour le service du Mouvement (formation et circulation des trains) :
1° un bureau de Mouvement ;
2° des équipes de manœuvres.

Le tableau N° 1 ci-après montre comment sont groupés tous ces rouages à la gare de X.

SOUS-CHEFS· DE GARE

RECETTE

Pascal, rec. aux bil.
aidé de sa femme

CONTROLE

Diabec, chef contrôleur de gare

Guénodot, cont' de gare	Hémery, surveillant
Nérand, —	Lamblin, —
Coué, —	Camussat, —

RENSEIGNEMENTS

M— Rivière

CHEF DU BUREAU G. V.

BAGAGES

DÉPART

Bascule

Maillard, facteur
Radun, —
Jéhanno, —

Enregistrement

Rochet, fact. aux écr.
Karel, —
Carion, —

ARRIVÉE

Manutention

André, chef de manut.
Pierrat, facteur
2 hom. d'éq.
Léonet, facteur
2 hom. d'éq.
Pibaleau, facteur
2 hom. d'éq.

Livraison

Sainton, facteur
Fitaman, —
Rolland, —

Consigne

Michaud, facteur
Puisard, —

EXPÉDITIONS ET ARRIVAGES G. V.

RECONNAISSANCE, Départ

Robert, facteur
Laffitte, —

Manutention

André, chef de manut
Beaufils, facteur
3 hom. d'éq.
Cadiou, facteur
3 hom. d'éq.
Rivalin, facteur
3 hom. d'ép.

RECONNAISSANCE, Livraison

Constant, brig. recon.
Bidouze, —

BUREAU G. V.

Orgebois, commis ppl	Imbert, fact. aux écr.
Pallier, commis de 2° cl.	Vauriot, élève (Bureau)
Cougoule, —	Lepage, —
Charost, —	Foveau, —
Cojean, —	Oquident, —
Laudon, fact. enreg.	Henriot, —
	Chauvet, —

SERVICE DU MOUVEMENT

BUREAU DU MOUVEMENT

Berthot, fact. au matér.
Jean, —
Neau, —

Manœuvres

Bellego, chef de manœuvres ppl
Leullier, chef de manœuvres
Matagne, —
Courtois, s/chef de man. et 2 hom. d'éq.
Bourgault, — 2 —
Lefèvre, — 2 —
Ringuet, — 2 —

Les services de Petite Vitesse assurent le transport des marchandises, animaux, voitures, etc., remis par les expéditeurs pour être acheminés par les trains de marchandises qu'ils sont chargés de former.

Ces services sont les suivants :

a) Pour les Expéditions, les Arrivages et la Manutention :

    1° un service de reconnaissance et de livraison ;

    2° un bureau P. V. chargé de la confection des écritures et de la Comptabilité ;

    3° un bureau de litiges ;

    4° un service de Manutention proprement dite.

b) Pour le service du Mouvement (formation des trains) :

    1° un bureau de Mouvement ;

    2° des équipes de Manœuvres.

c) Pour la surveillance :

Des gardiens.

Ces divers rouages sont groupés à la gare de X... ainsi que l'indique le tableau n° 2 ci-après.

Services P. V.

SOUS-CHEF DE GARE P. V.

BUREAU P. V.

Frappier, chef de bureau de gare

Beaupain, commis princ.		Beaudelaire, élève (Bureau)	
Dousset, commis de 2ᵉ cl.		Soult,	—
Robin,		Lepage,	—
Panier,	—	Faiderbe,	—
Joubert,	—	Fuye,	—
Cantagrel,	—	Davion,	—
Pavot,	—	Chambert,	—

BUREAU DES LITIGES

Chaput, commis de 1ʳᵉ cl.
Lucas, commis de 2ᵉ classe
Quinot, élève (Bureau)

CAISSE

Bouet, caissier
Guénot, commis de 1ʳᵉ cl.

MANUTENTION
(Chef de Manutention ppl.)

Reconnaissance. Départ

Bignot, brig. reconnaisseur
Denis, —
Laveine, —

Manutention proprement dite

Durand, chef de manutention		Romard, chef de manutention	
Brieux, brig. de manutention		Pomeret, brig. de manut.	
Boret,	—	Sirot,	—
Verron,	—	Labrousse,	—
Naplot,	—	Mai,	—
12 hommes d'équipe		12 hommes d'équipe	

Reconnaissance. Livraison

Laroume, brig. reconnaiss.
Picot, —
Ricard, —

SERVICE DU MOUVEMENT

Bureau du Mouvement

Simon, commis principal

Trillot, commis de 2ᵉ cl.		5 pointeurs releveurs
Guichen,	—	
Aufret, facteur au maté.		1 élève (B.) (téléphone
Giquel,	—	et recherches).
Bardon,	—	
Béliard,	—	

Manœuvres

Engerand, chef de manœuvres ppl.

Masson et Joly, chefs de manœuvres

Auriol, s.-chef de man.	Nasset, s.-chef de man.	Cabridenc, s.-chef de man.
2 hom. d'éq.	2 hom. d'éq.	2 hom. d'éq.
Puyberty, s.-chef de man.	Michel, s.-chef de man.	Balmette, s.-chef de man.
2 hom. d'éq.	2 hom. d'éq.	2 hom. d'éq.

Surveillance

Gendron, gardien
Laplanche, —
Renoir, —

En plus de tous les services dont il a été question jusqu'ici, il existe dans certaines gares de bifurcation un rouage spécial appelé *triage par la gravité* qui est chargé des manœuvres de formation et de classement des trains de marchandises.

Le fonctionnement de ce service sera indiqué plus loin.

Enfin, dans les gares de relais importantes, des brigadiers de Manutention spécialisés au service de *revision de calage* sont spécialement chargés de visiter les chargements à l'arrivée des trains et, en particulier, les chargements de fûts de liquides dont ils vérifient et rectifient, le cas échéant, le calage.

Ainsi qu'il a été dit déjà, l'importance du travail est très variable d'une gare à une autre. Il n'est pas nécessaire, par suite, d'avoir partout un personnel spécial pour chaque service. C'est ainsi que dans certaines petite gares, les services de comptabilité G. V. et P. V. sont assurés par un bureau unique, que le manœuvres G. V. et P. V. sont effectués par la même équipe, etc. Dans les stations, un même agent est parfois chargé d'une partie de la Comptabilité, de la manutention, de la lampisterie, etc. Enfin, lorsqu'une station est gérée par un seul agent, celui-ci assure tout le service.

On fait, en résumé, en petit, dans les gares moyennes et dans les stations ce que l'on effectue dans les grandes gares avec des rouages plus nombreux qui sont indiqués dans le tableau n° 3 ci-après.

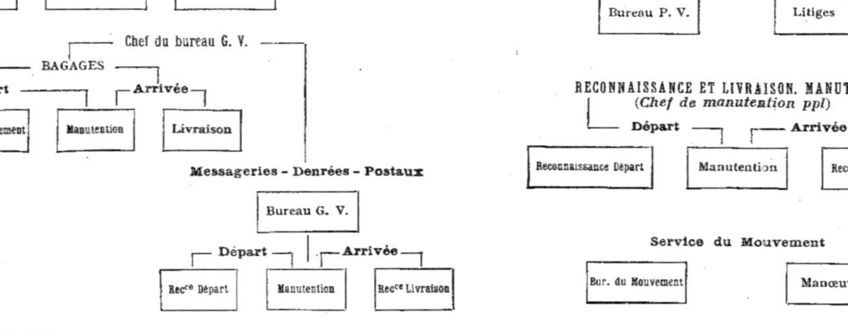
CHEF DE GARE
Secrétariat
Sous-chefs de gare G. V.
Sous-chef de gare P. V.
SERVICE GÉNÉRAL
Aiguilleurs
Télégraphe
Lampisterie
VOYAGEURS
Recette
Contrôle
Renseignements
Chef du bureau G. V.
BAGAGES
Départ
Arrivée
Bascule
Enregistrement
Manutention
Livraison
Messageries - Denrées - Postaux
Bureau G. V.
Départ
Arrivée
Rec^ce Départ
Manutention
Rec^ce Livraison
SERVICE DU MOUVEMENT
Bureau du Mouv^t
Manœuvres
SERVICE GÉNÉRAL
Caisse
Liquidation
BUREAUX
Bureau P. V.
Litiges
RECONNAISSANCE ET LIVRAISON. MANUTENTION
(Chef de manutention ppl)
Départ
Arrivée
Reconnaissance Départ
Manutention
Reconnaiss. Livraison
Service du Mouvement
Bur. du Mouvement
Manœuvres
Surveillants

Rôle et attributions des divers Services

Service Général.

Bureau du Secrétariat. — Ce service qui a, à sa tête, dans les grandes gares, un sous-Chef de Bureau ou un commis principal, est placé auprès du Chef de Gare. Il est chargé, en particulier :

du dépouillement, de l'enregistrement et de la distribution du courrier aux services intéressés ;

de l'établissement des facilités de circulation (permis, bons de réduction) demandés par le personnel ;

de la confection de la feuille de solde, des copies de consigne, circulaires et lettres diverses à communiquer aux agents ;

de l'envoi du courrier destiné à l'Administration Centrale, à l'Arrondissement, etc...

Aiguilleurs. — Le service de chacun des postes d'une gare est assuré par un nombre d'aiguilleurs proportionné à l'importance du poste. Cette importance est déterminée :

par le nombre de coups de leviers donnés par les agents ;

par le nombre des appareils à manœuvrer ;

par les diverses sujétions particulières à chaque poste.

En règle générale, les aiguilleurs s'occupent du nettoyage et de l'entretien des appareils qu'ils manœuvrent ainsi que de l'entretien, de l'allumage, de la mise en place et de l'extinction des lanternes des mâts de signaux placés à proximité de leur poste.

Le service des aiguilleurs est réglementé par l'Ordre Général n° 4.

Bureau du Télégraphe. — Lorsque le nombre des agents le justifie, un commis principal dirige ce service qui est chargé de la réception et de la transmission des communications télégraphiques et téléphoniques.

Toutes ces communications sont inscrites sur des carnets *ad hoc*. Les communications reçues sont répercutées, le cas échéant, aux postes ou services intéressés. Lorsqu'elles ne sont pas transmises par téléphone aux fonctionnaires ou aux agents locaux qu'elles concernent, des copies sont remises à ceux-ci, à la diligence du commis principal du bureau du télégraphe ou de son remplaçant.

La manœuvre des appareils télégraphiques et téléphoniques est réglementée par l'Ordre Général n° 20.

Lampisterie. — Un chef lampiste aidé d'un certain nombre de lampistes (hommes d'équipe) est chargé :

du garnissage et de l'entretien des lanternes à main et des lampes de bureau ;

de l'entretien, de l'allumage et de l'extinction des appareils à gaz, lampes Bardeau, etc., lorsqu'il en existe dans la gare.

Ce service s'occupe, en outre, de l'éclairage des voitures à voyageurs et des fourgons, de l'entretien, de l'allumage, de l'extinction et de la mise en place des signaux de queue des trains, etc...

Il effectue enfin, lorsque le nombre des agents le permet, les petites réparations que nécessitent les divers appareils.

Caisse Centrale. — Dans chaque gare importante, un Caissier, aidé de commis de 1re ou 2e classes s'il y a lieu, centralise les espèces recueillies par les divers agents comptables de la gare. C'est le Caissier qui effectue les versements et les retraits de fonds à la Banque de France, la vente des Obligations de la Compagnie, le paiement des intérêts et dividendes des Actions et Obligations, des mémoires de la Compagnie, de la solde du personnel, etc...

Liquidateur Général. — Dans les grandes gares, un agent ayant le titre de liquidateur général est spécialement chargé de récapituler toutes les opérations comptables des divers agents de la gare. Il a autorité, en ce qui concerne la Comptabilité, sur tous les agents comptables de la gare, le Caissier excepté.

Le liquidateur général n'a de mouvement d'argent d'aucune espèce. C'est cet agent qui établit la liquidation générale de la gare. Il est responsable de la régularité et de la validité des pièces comptables mensuelles envoyées à l'Administration Centrale sous la surveillance directe du Chef de gare.

Voyageurs

Service des recettes

Grande Vitesse.

Les voyageurs ne peuvent prendre place dans les trains sans s'être munis au préalable d'un titre régulier de circulation.

Les recettes sont chargées de la délivrance des billets ordinaires ou spéciaux, des cartes d'abonnement, etc., ainsi que des tickets d'entrée sur les quais.

Les opérations comptables des agents (Receveurs aux billets ou Receveuses aux billets) sont effectuées dans les conditions prévues par le Règlement de Comptabilité (1er volume). Quant aux conditions générales dans lesquelles s'effectue la distribution des billets, elles sont réglées par les tarifs généraux de grande vitesse, les ordres spéciaux sur le service de la marche des trains et les obervations consignées dans les livrets de marche.

Disons simplement ici qu'il y a diverses catégories de billets :

Place entière,
Parents d'employés,
1/2 place,
Militaires,
Aller et retour,
Billets spéciaux (excursions, bains de mer, etc.).

Pour chacune de ces catégories, il y a des billets fixes, c'est-à-dire portant une destination imprimée et des billets passe-partout sur lesquels il faut inscrire la destination à la main.

Le prix des billets calculé d'après les barèmes indiqués au recueil Chaix dont il sera parlé plus loin est toujours perçu au moment de la délivrance.

Les billets des diverses catégories sont fournis aux gares par le service du P. M. I.

Le nombre des recettes qui sont placées dans le vestibule du bâtiment des voyageurs varie suivant le chiffre des billets délivrés par la gare.

Chaque recette dispose de casiers avec tubes dans lesquels sont placés les billets en carton. Lorsqu'il y a plusieurs recettes, chacune d'elles tient une comptabilité spéciale.

Le service de certaines recettes dont le travail est chargé est assuré par un Receveur aux billets, assisté d'un ou plusieurs aides. Ces derniers ne font pas partie du personnel de la Compagnie ; ils sont rétribués par le titulaire qui reçoit alors une indemnité proportionnée à l'importance du travail. Ces aides effectuent la délivrance des billets sous l'entière responsabilité du Receveur.

Service du Contrôle

Le service comprend :

Un Chef Contrôleur de gare, si le nombre des agents affectés au Contrôle justifie un agent de ce grade ;

Des Contrôleurs de gare ;

Des surveillants.

Le Chef Contrôleur de gare qui coopère au Contrôle est chargé de la direction du service.

Les Contrôleurs de gare effectuent le Contrôle sur les quais, dans les trains avant le départ ou pendant le stationnement des trains de passage. Ils s'assurent que les voyageurs sont bien porteurs de titres réguliers de circulation et qu'ils sont bien placés dans les voitures des classes auxquelles leur donnent droit leurs billets, cartes, etc. Ils effectuent les perceptions supplémentaires dues par les voyageurs pour supplément de parcours, prolongation de durée de validité, déclassement, etc. Ces perceptions sont faites suivant les prescriptions du Règlement de Comptabilité (1ᵉʳ Volume).

Quant aux Surveillants, ils sont plus spécialement chargés du Contrôle des billets à l'entrée des salles d'attente et du contrôle à l'arrivée des trains, à la porte de sortie.

C'est le service du Contrôle qui est chargé de l'envoi à l'Administration Centrale des billets recueillis à l'arrivée.

Bureau des Renseignements

Ce service qui est généralement installé comme les Recettes dans le vestibule du bâtiment des voyageurs n'existe que dans les gares desservant les grandes villes. Dans les autres, il est assuré par le service du Contrôle.

Les agents sont chargés de fournir au public, sur sa demande, des indications sur les horaires des trains, les itinéraires à suivre pour se rendre d'un point à un autre, le prix des billets, etc.

Bagages [1]

Opérations au départ

L'enregistrement des bagages s'effectue dans le vestibule du bâtiment des voyageurs. Les colis à enregistrer sont présentés à l'un des facteurs (Maillard, Redon ou Jehanno), chargés du service de la bascule, par le voyageur qui lui remet en même temps son billet. Le facteur vérifie le bon état extérieur des colis, en effectue le pesage, prend note de la destination à leur donner et passe le billet au commis de 2ᵉ classe de service (Rochet, Karel ou Carion) en lui annonçant le nombre et le poids des colis.

Le commis de 2ᵉ classe établit au moyen du décalque :

1 bulletin qu'il remet au voyageur contre paiement immédiat du prix du tarif en même temps qu'il lui rend son billet au dos duquel il a soin d'apposer la griffe « bagages » ;

1 feuille de route qui est remise au chef du train par lequel partent les colis et qui accompagne ceux-ci jusqu'à destination ;

1 souche qui reste à la gare pour l'établissement de la Comptabilité.

Pendant la confection de ces diverses pièces, le facteur de la bascule procède à l'étiquetage de chaque colis au moyen de 2 étiquettes portant :

l'une, le nom imprimé de la gare expéditrice et un numéro d'ordre identique à celui figurant sur les bulletin, feuille de route et souche ;

l'autre (collée au-dessous de la première), le nom de la gare destinataire ainsi que l'itinéraire porté sur le billet s'il y a lieu.

Lorsque l'étiquetage est terminé, les bagages sont placés sur des chariots par les hommes d'équipe de la manutention G. V. qui les conduisent au quai de départ et les chargent dans les fourgons où ils sont classés suivant les prescriptions d'un tableau spécial E dressé par l'Administration Centrale pour les trains de grand parcours ou des tableaux dressés par l'Arrondissement pour les autres trains.

Opérations à l'arrivée

A l'arrivée des trains, les bagages préparés à l'avance par les chefs de train ou les conducteurs sont déchargés sur des chariots par les hommes d'équipe sous la surveillance du facteur de service (Pierrat, Léonat ou Pibaleau), puis conduits à la salle de livraison où, après recon-

---

(1) L'organisation des divers rouages que nous avons vu jusqu'ici est peu compliquée, chacun d'eux jouissant d'une certaine autonomie. Il n'en est pas de même des services qui coopèrent à l'expédition ou à la livraison d'un bagage ou d'une marchandise G. V. ou P. V., car le travail de ces services est parfois intimement lié avec celui d'un organe voisin.
Dans le but de montrer le fonctionnement de l'organisation, les noms des agents qui concourent aux diverses opérations à la gare de X....., seront indiqués, le cas échéant, au cours des explications qui vont suivre. Ces noms sont les mêmes que ceux qui figurent dans le tableau n° 1 pour les bagages et la G. V. et dans le tableau n° 2 pour la P. V. Il suffira de se reporter à ces tableaux pour voir à quel service les agents appartiennent.

naissance par l'un des facteurs (Sainton, Fitaman ou Rolland), ils sont délivrés aux voyageurs contre remise des bulletins dont il a été question plus haut.

La reconnaissance des bagages, c'est-à-dire le rapprochement des étiquettes avec les feuilles de route est faite au déchargement même si le nombre des colis le permet.

Chiens

L'enregistrement des chiens accompagnés peut avoir lieu pour les relations du trafic intérieur du réseau au moyen de billets spéciaux, simples ou d'aller et retour délivrés aux mêmes guichets que les billets de voyageurs et seulement pour la destination indiquée sur le billet des voyageurs qui accompagnent les chiens.

Les bureaux de bagages enregistrent comme les colis :

1° les groupes de chiens appartenant à un même voyageur lorsque celui-ci ne veut pas prendre à la Recette un billet spécial pour chaque chien ;

2° les chiens accompagnés en destination des Compagnies étrangères ;

3° les chiens des toucheurs de bestiaux.

Au départ, les chiens sont admis dans les niches des fourgons sur la présentation au chef de train, par le voyageur, du billet ou du bulletin délivré pour le voyage.

La livraison est effectuée, à l'arrivée, dans des conditions analogues à celles des bagages.

Les chiens qui ne sont pas renfermés dans des caisses ou paniers ne sont reçus que muselés. Enfin les chiens non accompagnés sont enregistrés par les bureaux G. V. dans la même forme que les articles de messagerie.

Consigne

Le service de la Consigne est assuré par les facteurs Michaud et Pinsard.

Il y a deux cas bien distincts :

1° la remise de colis en dépôt par le public avant tout enregistrement ;

2° la mise en consigne des bagages non réclamés par les voyageurs à l'arrivée des trains.

Il est fait usage dans les deux cas d'un carnet comportant une souche et un bulletin auquel sont adhérentes, en nombre variable, des étiquettes portant simplement un numéro identique à celui figurant sur la souche et le bulletin.

Pour le 1° le facteur établit les deux pièces précitées au moyen de décalque en y portant :

la date et l'heure du dépôt,
le nombre et la nature des colis.

Il remet ensuite le bulletin au déposant après en avoir détaché les étiquettes qu'il appose sur les colis et place ceux-ci dans le magasin.

La livraison est faite contre remise du bulletin et de la somme due.

Pour le 2° le facteur opère d'une façon analogue avec cette différence toutefois que le bulletin reste adhérent au carnet. Lors de la livraison, le voyageur remet son bulletin de bagage au facteur qui perçoit les frais de consigne.

A noter que les bagages non réclamés à l'arrivée des trains doivent être mis *d'office* en consigne.

Les taxes à percevoir sont indiquées dans le recueil Chaix G. V. Le Règlement de Comptabilité (1er volume) donne les indications utiles pour les dispositions comptables.

Marchandises Grande Vitesse

Expéditions

Les expéditions sont effectuées, soit sous le régime postal, soit sous celui des tarifs G. V.

Les conditions d'acceptation et de livraison, les tarifs à appliquer, etc. sont indiqués :

a) pour les colis postaux, dans le recueil postal édité chaque année par l'Administration des postes ;

b) pour les autres marchandises, les animaux, les cercueils, les voitures, etc., dans le recueil Chaix spécial aux transports G. V.

Colis postaux. — Les colis postaux ne sont acceptés que pour les destinations indiquées dans le recueil spécial aussi bien pour l'intérieur de la France et de ses colonies que pour l'étranger.

Chaque expédition qui ne doit comprendre qu'un seul colis en ce qui concerne les réseaux français s'effectue au moyen d'un bulletin postal. Il y a 10 sortes de bulletins :

```
 1°  un pour le colis de 0 à 3 k.  livrables en gare.
 2°        —                —        —    à domicile.
 3°        —             3 à 5 k.    —    en gare.
 4°        —                —        —    à domicile
 5°        —             5 à 10 k.   —    en gare.
 6°        —                —        —    à domicile.
 7°        —            10 à 15 k.   —    en gare.
 8°        —                —        —    à domicile.
 9°        —            15 à 20 k.   —    en gare.
10°        —                —        —    à domicile.
```

Le bulletin postal comporte 3 parties :

a) le bulletin proprement dit qui accompagne le colis jusqu'à destination ;

b) un récépissé à remettre à l'expéditeur ;

c) une étiquette de destination.

Pour l'expédition d'un colis de l'espèce, l'expéditeur demande un bulletin postal au commis de 2e classe Pallier qui le lui remet contre le paiement immédiat de sa valeur. L'expéditeur remplit ce bulletin suivant les indications de l'imprimé et remet bulletin et colis au facteur Robert. Celui-ci s'assure qu'il y a bien concordance entre les indications qui figurent sur l'adresse apposée sur le colis par l'expéditeur et celles manuscrites portées sur le bulletin, vérifie le poids du colis puis détache le récépissé qu'il remet à l'expéditeur après y avoir apposé le timbre à date dont il dispose. Il détache enfin l'étiquette numérotée qu'il timbre de la même manière et la colle sur le colis près de l'adresse après inscription du nom, de la gare destinataire et, le cas échéant, de l'itinéraire.

Le facteur Robert remet ensuite le bulletin postal au Commis de 2ᵉ classe Pallier et place les colis sous halle.

L'inscription du bulletin postal sur le carnet d'expédition est faite par l'élève (Bureau) Vauriat auquel le bulletin est passé par le commis de 2ᵉ classe Pallier après vérification.

Le recueil postal renseigne sur les opérations relatives à l'envoi des colis postaux à destination des Colonies françaises et de l'étranger. Les conditions d'acceptation diffèrent un peu de celles du régime français, mais toujours, le prix de transport est perçu au départ.

Autres marchandises. — Les envois autres que ceux du régime postal sont effectués conformément aux dispositions contenues dans le recueil Chaix dans lequel on trouve notamment les barèmes à appliquer pour établir les frais de tranport.

Chaque expédition nécessite l'établissement d'une déclaration d'expédition d'un modèle unique pour tous les réseaux français et qui comporte deux cadres :

le cadre supérieur à remplir par l'expéditeur ;
le cadre inférieur à remplir par la gare.

L'envoi peut être effectué soit en *port payé*, au départ, soit en *port dû* sauf toutefois en ce qui concerne les cercueils qui ne doivent être acceptés qu'en port payé.

La livraison de la marchandise à domicile peut être demandée par l'expéditeur, comme pour les colis postaux, lorsque la localité habitée par le destinataire est desservie par un service de camionnage agréé par la Compagnie.

Pour effectuer un envoi en G. V., il est procédé de la façon suivante : L'expéditeur ayant remis sa marchandise avec la feuille d'expédition au facteur Laffitte, chargé de la reconnaissance, celui-ci vérifie le poids du ou des colis ainsi que leur bon état, s'assure qu'il y a bien concordance entre les renseignements portés sur cette déclaration et ceux figurant sur les adresses ; il appose enfin son visa sur la déclaration en indiquant l'heure de la remise puis il colle, sur chaque colis, près de l'adresse :

une étiquette de provenance portant le nom de la gare expéditrice ;
une étiquette de destination portant le nom de la gare destinataire, le nombre des colis de l'expédition et la date de l'envoi.

Cette dernière étiquette doit être placée immédiatement au-dessous de l'étiquette de provenance.

L'étiquetage étant terminé, le facteur Laffitte remet la déclaration au guichet des expéditions, au commis de 2ᵉ classe Pallier. Cet agent vérifie à son tour la déclaration d'expédition, établit la taxe puis complète la déclaration en ce qui concerne la partie à remplir par la gare. Il passe ensuite cette pièce à l'élève (Bureau) Lepage qui la couche sur le carnet des expéditions et qui confectionne au moyen du décalque :

1 souche restant à la gare pour la Comptabilité ;
1 récépissé à remettre à l'expéditeur ;
1 récépissé à remettre au destinataire.

Le récépissé destiné à l'expéditeur est remis à celui-ci par le commis de 2ᵉ classe Pallier contre paiement des frais de transport, s'il y a lieu. Quant au récépissé au destinataire, il est épinglé à la déclaration d'expédition qui accompagne la marchandise jusqu'à destination.

Chargement des envoi spostaux et G. V. — Les colis postaux ainsi d'ailleurs que les autres envois G. V. sont remis à des trains et dans des conditions prévues à l'avance par des instructions spéciales.

Pour le transport des petits colis, il est parfois fait usage de paniers ou de bâches dans lesquels on les place dans le but de faciliter la manutention et d'éviter les avaries qu'occasionnent les manipulations trop fréquentes.

Les colis et les paniers ou bâches, le cas échéant, sont chargés par l'équipe de manutention que dirige le chef de manutention André, soit dans les fourgons des trains de passage ou de ceux formés par la gare, soit dans des wagons spécialisés pour une même destination lorsque l'importance des expéditions nécessite cette mesure.

Sur les wagons utilisés pour les transports G. V. qu'il s'agisse de denrées, messageries, animaux, cercueils, etc., le chef de manutention André fait coller de chaque côté dans un cadre *ad hoc* situé sur la paroi extérieure des véhicules, une étiquette d'un modèle spécial indiquant le nom de la gare expéditrice et celui de la gare destinataire avec le ou les points de transit, s'il y a lieu, la nature du chargement, etc.

Une étiquette « à désinfecter à l'arrivée » est collée de la même façon que la précédente sur les wagons utilisés pour le transport des animaux.

Arrivages

A l'arrivée, les marchandises (postaux ou colis G. V. divers) déchargées des fourgons des trains de passage par l'équipe de manutention que dirige le chef de manutention André sont placées sur des chariots puis transportées sous halle où les facteurs Constant et Bidouze procèdent à la reconnaissance dans des conditions analogues à ce qui est fait pour les bagages. S'il s'agit de wagons complets ceux-ci sont passés à quai par l'équipe des manœuvres dont il sera question plus loin.

Au fur et à mesure que les colis sont reconnus, les facteurs les déposent aux endroits désignés par une Consigne établie par le Chef de gare afin de faciliter les recherches lors de la livraison.

La reconnaissance étant terminée, les facteurs remettent les écritures au bureau G. V. Le Commis de 2° classe Cougoule les vérifie notamment en ce qui concerne la taxe et les passe aux Elèves (Bureau) Foveau et Oquident qui en prennent charge sur des carnets spéciaux.

Livraison en gare. — Lorsque la prise en charge des écritures a été effectuée, les 2 Elèves (Bureau) confectionnent les lettres d'avis qui sont adressées ensuite aux destinataires devant prendre livraison en gare d'après les indications des titres de transport.

A noter que les avis peuvent être donnés au choix de la Compagnie, soit par télégraphe, soit par la poste, soit par le téléphone ou encore par exprès, sans que toutefois les frais qui sont à la charge des destinataires puissent dépasser en aucun cas le coût d'une lettre ordinaire.

Muni de sa lettre d'avis, le destinataire d'un envoi se présente au guichet de livraison où le commis de 2° classe Cougoule lui remet contre paiement des frais de transport et émargement du carnet de livraison, le « récépissé au destinataire » qu'il avait classé, après vérification des écritures dans un casier placé auprès de lui.

Le destinataire, porteur de son récépissé, se rend ensuite au comptoir de livraison où la marchandise lui est livrée sur la présentation de cette pièce par le facteur Constant.

Les indications qui précèdent s'appliquent aux transports G. V. autres que les postaux. En ce qui concerne ces derniers, c'est le facteur Bidouze qui en effectue la livraison lui-même en retirant émargement des destinataires sur le carnet de livraison.

Livraison à domicile. — Il existe dans les diverses gares des réseaux et dans certaines stations désignées au recueil Chaix un service de livraison des marchandises à domicile. Ce service est assuré par un correspondant ou entrepreneur de transports agréé par le réseau intéressé.

Le Correspondant prend livraison en gare des marchandises livrables à domicile et les transporte par voitures chez les destinataires. Chaque expédition (postale ou G. V.) est inscrite sur un bordereau de livraison détaché d'un carnet à souche et sur lequel les destinataires donnent décharge en recevant le récépissé et la marchandise. Ce bordereau est, en fin de tournée, rapporté au bureau G. V. qui l'a établi et le montant des frais divers perçus à la livraison par le Correspondant est versé au commis de 2ᵉ classe du guichet de livraison (Cougoule).

Lorsque les marchandises (postaux et envois G. V. divers) livrables en gare ne sont pas retirées par les destinataires dans les délais fixés par les règlements en vigueur, il est perçu, lors de la livraison, des frais de *magasinage* calculés suivant des barêmes spéciaux et qui sont acquis au réseau.

Les diverses opérations comptables auxquelles donnent lieu les transports G. V. sont énumérées dans le Règlement de Comptabilité (2ᵉ Volume) qui traite des détails dont il n'a pas été question dans cet examen rapide, en particulier ceux relatifs aux débours, remboursements, etc.

Litiges. — Le transport des marchandises, animaux, voitures, etc., ainsi d'ailleurs que celui des bagages donne lieu à des litiges dont les principales causes sont les avaries, les pertes, le refus par les destinataires de prendre livraison pour des raisons diverses, etc...

Le Commis principal (litiges), s'il en existe un ou à défaut le chef de bureau, constitue un dossier spécial pour chaque affaire.

Le guide pratique pour la solution des litiges renseigne sur la marche à suivre pour le règlement de ces sortes d'affaires.

Mouvement.

Les diverses opérations qui incombent à la gare en ce qui concerne la formation et la circulation des trains sont assurées :

1° par le Bureau du Mouvement ;

2° par le Service des Manœuvres.

Bureau du Mouvement. — Ce service est confié aux facteurs au matériel Berthot, Jean et Neau qui sont chargés, en particulier, d'établir pour chaque train G. V.:

1° sur un carnet qui reste à la gare, un relevé indiquant la Compagnie propriétaire, la série, le poids (tare et chargement) ainsi que la destination de chaque véhicule entrant dans la composition du convoi ;

2° le journal du train ;

3° la feuille de mouvement du matériel.

Ces deux dernières pièces sont remises au Chef de train, avant le départ, en même temps que les écritures afférentes aux marchandises G. V. chargées dans les fourgons et wagons divers.

Le Bureau du Mouvement relève aussi le matériel G. V. restant en gare à une heure déterminée de la journée pour établir le mod. 1020 destiné à renseigner le service de la Répartition sur les besoins ou les disponibilités en matériel.

Manœuvres. — Les diverses manœuvres que nécessitent la formation des trains ou les modifications (adjonction ou retrait de véhicules) apportées dans la composition des trains de passage sont effectuées, soit à l'aide de la machine de manœuvre spécialement affectée à ce travail, soit à l'aide de chariots ou de cabestans électriques lorsqu'il en existe, soit enfin à bras.

Le tableau N° 2 donne la composition de chacune des équipes du service des manœuvres à la gare de X.

Ces équipes procèdent au classement des véhicules dans les trains conformément aux prescriptions d'instructions spéciales (tableaux D de l'Administration Centrale pour les trains de grand parcours) ; elles s'occupent de la mise à quai des wagons à décharger et de l'enlèvement de ceux chargés au quai, de l'attelage et du dételage des machines, des wagons, etc...

Ajoutons, pour en terminer avec les services G. V. que dans les grandes gares de bifurcation des agents (commis de 2ᵉ classe) sont spécialement désignés pour suivre sous la surveillance des Sous-Chefs de gare G. V. le service des agents des trains qui fait l'objet de règlements particuliers.

Petite Vitesse. Les opérations concernant les transports effectués en petite vitesse présentent beaucoup d'analogie avec celles déjà indiquées pour les transports de Grande Vitesse. Comme ces derniers, les transports P. V. peuvent être acceptés en port dû ou en port payé avec livraison en gare ou à domicile, le cas échéant. Ils font l'objet :

1° *au départ*, d'une reconnaissance suivie du pesage et de l'étiquetage, de l'établissement d'écritures et d'opérations de manutention ;

2° *à l'arrivée*, d'une manutention avec reconnaissance et classement sous halle, d'une prise en charge des écritures et enfin d'une opération finale, la livraison.

Ces divers travaux sont assurés :

par le service de reconnaissance et de livraison ;
par le Bureau P. V. ;
par les équipes de manutention proprement dites.

Comme à la G. V. il y a, à la petite vitesse, un Service spécial de manœuvres avec un bureau de Mouvement.

Ajoutons :

1° que les transports P. V. font l'objet d'expéditions de détail et d'expéditions par wagons complets ;

2° que le chargement et le déchargement des premières sont effectués par la Compagnie et que celui des secondes incombe, soit à la Compagnie soit à l'expéditeur suivant les prescriptions du tarif appliqué à la marchandise ;

3° que les wagons à charger ou à décharger par le public sont placés sur des voies spéciales qui constituent le débord et sont situés dans la cour des marchandises ;

4° que la manutention qui incombe à la Compagnie est faite sous halle ou sur quai découvert lorsqu'il s'agit de marchandises ne craignant pas les intempéries.

Enfin les tarifs de petite Vitesse avec leurs conditions d'application sont indiqués dans le recueil Chaix spécial à la Petite Vitesse.

Voyons comment sont effectuées toutes les opérations ci-dessus à la gare de X.

Expéditions. — La déclaration d'expédition que doit présenter tout expéditeur en même temps que la marchandise à expédier est analogue à celle relative aux expéditions G. V. Il y a une partie à remplir par l'expéditeur et une partie à remplir par la gare.

Détail

La marchandise doit être remise à quai (halle de départ) par l'expéditeur. Le brigadier reconnaisseur Bignot s'assure que les marques, numéros, adresses, etc., qui figurent sur la déclaration concordent bien avec les indications portées sur les colis ; il vérifie le nombre, le poids et l'état des colis. Cette vérification de l'état de la marchandise à la remise est d'une très grande importance, car dans le but de repousser des réclamations qui pourraient être formulées à l'arrivée par le destinataire, il est nécessaire de relever et de faire noter, le cas échéant, par l'expéditeur, les défectuosités, avaries, etc... que peuvent présenter les colis.

Le Manuel des Agents à la Manutention donne à cet égard des instructions précises.

Après avoir procédé à ces diverses opérations, le brigadier reconnaisseur Bignot étiquette chaque colis au moyen de 2 étiquettes analogues à celles utilisées en G. V., il vise la déclaration et la remet au commis de 2° classe Dousset chargé du guichet des expéditions. Ce dernier vérifie à son tour la déclaration qu'il complète dans sa partie inférieure, notamment par l'indication des frais de transport, puis il passe cette déclaration d'expédition aux Elèves (Bureau) Baudelaire, Soult, etc... auxquels incombent :

1° la prise en charge sur les carnets des expéditions ;

2° la confection au moyen du décalque, à la machine à écrire, d'une piqûre, sorte de cahier comportant :

la feuille registre d'expédition qui reste à la gare ;
le bordereau de chargement ;
la feuille de chargement (ou duplicata du bordereau) ;
le récépissé à l'expéditeur ;
le récépissé au destinataire.

Sauf dans certains cas spéciaux prévus par le règlement de comptabilité (2° Volume), seul des pièces énumérées ci-dessus, le bordereau de chargement accompagne la marchandise jusqu'à destination.

La déclaration d'expédition et le récépissé à remettre au destinataire qui constituent les écritures comptables de l'expédition sont envoyés sous pli à la gare destinataire.

Comme à la G. V. l'expéditeur reçoit de l'agent du guichet des expéditions (commis de 2° classe Dousset) le récépissé qui lui est destiné contre paiement des frais de transport, s'il y a lieu.

Wagons complets

L'expéditeur remet sa déclaration d'expédition au sous-Chef reconnaisseur Ricard, chargé du service de la voie de débord, dès qu'il commence le chargement du wagon mis à sa disposition. Aussitôt que le chargement est terminé, le brigadier reconnaisseur s'assure que les indications portées sur la déclaration sont bien conformes. Il effectue le pesage sur le pont bascule dès que la chose est possible et procède à l'étiquetage du wagon.

La remise de la déclaration au bureau P. V., l'établissement des écritures, etc..., se font dans les mêmes conditions que pour les expéditions de détail.

Chargement des marchandises de détail et autres incombant à la gare

Le chargement des marchandises, lorsqu'il incombe à la gare, est confié aux équipes de manutention dirigées par les brigadiers de manutention Brieux, Boret, Verron, etc., sous la surveillance des chefs de manutention Durand et Romard.

Les marchandises de détail déposées sous halle aux endroits prévus par une consigne établie par le Chef de gare sont classées par direction ; elles donnent lieu à la création :

a) de wagons complets pour une seule et même destination ;

b) de wagons de transbordement pour certaines relations désignées chaque fois que leur tonnage atteint 2.000 kg. ou que la nature encombrante des colis l'exige.

En dehors de ces deux cas, elles sont acheminées par des wagons collecteurs-distributeurs (C. D.) dont la marche et l'affectation sont réglées par un tableau spécial dressé par l'Administration Centrale.

Dans les C. D., les marchandises sont groupées par destination de façon qu'elles se présentent dans l'ordre géographique des stations de la route pour permettre un déchargement rapide.

Il a été dit plus haut que les Elèves (Bureau) Baudelaire, Soult, etc... établissent au décalque, pour chaque expédition :

1 bordereau de chargement,

1 feuille de chargement.

Le commis de 2ª classe Parot extrait ces pièces des cahiers, les dispose par paquets distincts et les classe par C. D. ou transit en attente de chargement.

Les bordereaux ne doivent pas sortir du bureau. Quant aux feuilles de chargement elles sont remises au chef de manutention principal pour les opérations de mise en wagon. Ce dernier agent désigne à chaque brigadier de manutention les wagons qu'il devra utiliser et lui confie les feuilles de chargement classées comme il a été indiqué. Le chargement est effectué en pointant soigneusement les colis au fur et à mesure de la mise en wagon. Lorsque cette opération est terminée, les brigadiers de manutention indiquent sur chaque feuille de chargement le numéro du wagon transporteur puis ces feuilles sont rendues au commis de 2ª classe Parot. Celui-ci reporte ce N° de wagon sur chaque bordereau de chargement correspondant et confectionne pour chaque wagon chargé à quai ou en débord une feuille de tonnage, sorte de chemise dans laquelle sont placés tous les bordereaux afférents aux marchandises que contient le véhicule.

(A noter que lorsqu'une expédition se compose de plusieurs wagons il est établi un bordereau de chargement pour chacun d'eux).

Les feuilles de tonnage avec les bordereaux de chargement sont finalement remises au bureau du Mouvement P. V. qui à son tour les donne aux Chefs des trains par lesquels sont acheminés les wagons.

Les gares peu importantes n'établissent pas la feuille de chargement. Dans ces gares, les bordereaux de chargement sont relevés par le bureau P. V. sur un carnet spécial appelé carnet de chargement que les brigadiers de manutention utilisent pour la mise en wagon.

Arrivages. — Les marchandises à décharger par le Commerce sont placées en débord et celles dont le déchargement incombe à la gare sont passées à quai.

Dès l'arrivée des wagons en gare, le bureau du Mouvement P. V. qui a reçu les feuilles de tonnage avec les bordereaux de chargement les remet au bureau P. V. (commis de 2° classe Robin, chargé du guichet arrivée). Cet agent recherche au moyen des bordereaux parmi les récépissés classés devant lui après vérification des taxes et prise en charge en attendant l'arrivée de la marchandise, ceux correspondant aux bordereaux qui lui sont passés et les met de côté en attendant la rentrée de ces dernières pièces remises au chef de manutention principal contre émargement.

Le chef de manutention principal répartit les bordereaux classés par wagon entre les différents brigadiers de manutention qui effectuent le déchargement en pointant avec soin les bordereaux au fur et à mesure de la sortie du wagon. Ils portent sur chaque bordereau le N° de la travée dans laquelle la marchandise a été déposée, indiquent la date et l'heure du déchargement et signent.

Les bordereaux sont enfin rendus au commis de 2° classe Robin qui inscrit sur chaque récépissé correspondant le n° de la travée, ceci en vue de retrouver facilement les colis à la livraison. Ce même agent passe les récépissés au Caissier qui est chargé de leur remise aux destinataires après émargement et perception des frais dus, le cas échéant.

Le sous-Chef reconnaisseur Ricard affecté à la voie de débord et les brigadiers reconnaisseurs Larronne et Picot qui s'occupent de la livraison sous halle, remettent les marchandises, animaux, voitures, etc... aux destinataires sur présentation du récépissé et dans les conditions fixées par le règlement de comptabilité (2° volume).

Les opérations relatives aux remboursements, à la livraison à domicile, aux litiges sont, en P. V., analogues à celles déjà exposées pour les transports G. V.

La fourniture, le chargement et le déchargement des wagons dont la manutention incombe au Commerce font l'objet d'un chapitre spécial du recueil Chaix.

Bureau du Mouvement. — Le Bureau du Mouvement est chargé de la confection des écritures des trains P. V. qui donne lieu à un travail beaucoup plus chargé qu'à la G. V. ainsi que l'on peut le voir en comparant l'effectif des bureaux de Mouvement des tableaux 1 et 2.

Le fonctionnement du bureau du Mouvement P. V. fera l'objet d'une étude à part.

Manœuvres. — La formation des trains de marchandises, le retrait ou l'adjonction de véhicules aux trains de passage, la mise à quai ou sur la voie de débord des wagons du local, l'enlèvement des wagons chargés en gare et bons à partir, etc., sont assurés à la gare de X... par les équipes de manœuvre commandées par les sous-chefs de manœuvres Auriol, Puyberty, Nasset, etc..., sous la direction des chefs de manœuvres Masson et Joly et du chef de manœuvres principal Engerand.

Le service des manœuvres se met d'accord avec le bureau du Mouvement pour arrêter, suivant les indications du sous-chef de gare de service, la composition des trains, afin que les écritures afférentes à chaque véhicule soient bien acheminées avec lui ; c'est d'une grande importance, l'absence de ces écritures pouvant retarder les wagons et même les faire tomber en épave en cas de disparition des inscriptions ou étiquettes.

Il existe dans certaines gares de bifurcation des installations spéciales où le triage des trains s'effectue par la gravité. Les wagons poussés lentement par la machine de manœuvre sont amenés sur le sommet d'une voie en forme de dos d'âne où ils sont coupés et lancés sur une voie en déclivité puis dirigés par l'aiguilleur du poste spécial de concentration sur des voies formant un faisceau plus ou moins important.

Les wagons et, le cas échéant, les rames de wagons lancés de la gravité viendraient heurter violemment les wagons en stationnement sur les voies du faisceau si des mesures spéciales n'étaient prises pour éviter ces chocs. On utilise dans ce but des sabots d'arrêt qui sont placés sur les rails par des agents spécialement affectés à ce service, les caleurs.

L'Instruction 351 règle l'organisation du service dans les triages.

Révision de calage. — L'Instruction 410 indique que pour la sécurité de la circulation, les chargements des wagons découverts doivent être solidement assujettis au départ et visités avec le plus grand soin dans les gares intermédiaires pendant le stationnement des trains.

Dans certaines gares de relais importantes, des brigadiers de manutention remplissant les fonctions de réviseurs de calage doivent visiter les trains dès leur arrivée avant toute manœuvre. Leur vérification porte sur le calage des fûts de liquides et autres colis nécessitant un calage, sur le bâchage des chargements sur wagons découverts, etc... Les réviseurs de calage procèdent sans retard à la consolidation ou à la rectification des chargements reconnus défectueux ou préviennent le sous-chef de gare de service qui prend les mesures que comporte la situation.

Gardiennage. — Il y a des gardiens de nuits et des gardiens portiers. Les premiers font des rondes sous les halles, sur les voies de débord, etc., afin d'empêcher que des personnes étrangères au service y pénètrent. Les seconds sont installés à la porte de sortie de la cour des marchandises pour s'assurer qu'il ne sort de la gare que des marchandises, animaux, voitures, etc., dont les titres ont été régulièrement retirés à la Caisse. Ils arrêtent, à cet effet, tous véhicules, animaux, etc., réclament les lettres de voiture aux camionneurs, toucheurs ou autres personnes qui les accompagnent et vérifient soigneusement les sorties.

TITRE II

Ecritures des Trains au point de vue de l'acheminement des colis

ORDRE GÉNÉRAL **38** ET INSTRUCTION **486**

Conférence de M. PICAUD

Inspecteur (Service du Mouvement)

AVANT-PROPOS

Il est facile de comprendre qu'avec la grande quantité de marchandises transportées par les Chemins de fer, chaque envoi doit pouvoir être rapidement identifié pendant tout le cours de son transport, c'est-à-dire depuis le moment où il a été remis à la gare de départ jusqu'à ce que le destinataire en ait pris livraison. Cette identification est utile même lorsque les marchandises sont chargées dans un wagon qui les conduira directement de la gare de départ à la gare de destination, car chacune de ces deux gares expédie ou reçoit chaque jour plusieurs envois comprenant des colis de même apparence et des confusions pourraient se produire au chargement, au déchargement ou à la livraison. Elle est encore plus nécessaire lorsque la marchandise doit être transbordée d'un wagon dans un autre en cours de route.

D'autre part, la confection méthodique des chargements et la composition des trains ne peuvent être réglées qu'à l'aide de renseignements précis permettant de grouper les colis par destination et de totaliser leur poids, ce qui n'est possible que si ces renseignements sont réunis sur des pièces faciles à consulter.

C'est pourquoi des pièces d'identité, autrement dit des écritures, sont établies pour chaque expédition et suivent la marchandise pendant tout le transport.

Cette Conférence a pour but de vous montrer la forme et l'usage des écritures qui ont été adoptées pour identifier les colis et faciliter leur acheminement.

Remise de la marchandise

Reconnaissance

Vous savez tous qu'une personne qui veut expédier une marchandise quelconque, soit en grande, soit en petite vitesse, doit remettre à la gare, en même temps que la marchandise, une déclaration datée et signée, comportant le nom et l'adresse de l'expéditeur du destinataire, la nature de la marchandise et divers renseignements énumérés aux Conditions générales d'application des tarifs généraux de grande et de petite vitesse. Toutes les gares tiennent d'ailleurs à la disposition des expéditeurs des déclarations imprimées dont l'expéditeur n'a plus qu'à remplir les blancs.

L'emploi de ces déclarations imprimées n'est pas obligatoire et un expéditeur peut rédiger sa déclaration sur n'importe quel papier, de n'importe quel format pourvu que cette déclaration comporte bien toutes les indications nécessaires.

Dans ce cas, la déclaration remise par l'expéditeur est collée sur la partie supérieure d'un imprimé de la Compagnie qui sert alors de feuille de route (Art. 249 du Règlement de Comptabilité).

Vous savez également que les gares n'acceptent une marchandise qu'après l'avoir soigneusement examinée, après avoir vérifié si elle est bien conforme à celle désignée sur la déclaration remise par l'expéditeur, s'être assuré que son état propre et celui de l'emballage permettent d'effectuer son transport sans risques. Cet examen constitue la « reconnaissance ».

Dès qu'une marchandise est reconnue, le Chemin de fer en devient responsable.

Une bonne reconnaissance est donc indispensable, les transporteurs pouvant être, à la suite de reconnaissances trop superficielles, rendus responsables d'avaries qui existaient déjà lors de la remise.

Dès que la reconnaissance est effectuée, les colis de détail sont marqués au moyen de deux étiquettes collées sur le côté des colis portant les marques ou adresses, mais, bien entendu, sans recouvrir celles-ci. L'une des étiquettes porte le nom de la gare expéditrice, l'autre indique le nom de la gare destinataire et, le cas échéant, le point de sortie du Réseau ainsi que la date de la remise et le nombre de colis composant l'envoi (Articles 21, 22 et 23 du Manuel de Manutention).

Les étiquettes des colis constituent leurs premières pièces d'identité. Il est donc indispensable qu'elles soient établies et collées avec soin.

Aussitôt après l'étiquetage, le reconnaisseur vise la déclaration d'expédition et la remet au bureau qui procède aux opérations suivantes :

Confection des Ecritures

Le numéro de la gare expéditrice (instruction n° 2) est apposé à l'aide d'un timbre dans le coin supérieur de droite de la déclaration et une étiquette portant le numéro d'expédition est collée dans le coin supérieur de gauche.

Ce numéro d'expédition est découpé d'un carnet d'étiquettes gommées portant de 500 à 12.000 numéros, suivant l'importance de la gare. Ces carnets sont analogues aux carnets de timbres-poste, mais d'un format plus grand. Les numéros sont imprimés en noir sur papier bulle pour les expéditions de grande vitesse et en noir sur papier vert pour la petite vitesse.

Le bureau établit la taxe du transport et l'enregistre ensuite sur un livre comportant deux feuillets (bordereau des expéditions et livre des expéditions), en indiquant la date et le numéro d'expédition, le nom de la gare destinataire et le port payé s'il y a lieu.

Dès que ces opérations purement comptables sont terminées, on établit les diverses pièces qui vont servir au transport proprement dit.

Les gares utilisent à cet effet des carnets de divers types, suivant les conditions du transport : ces divers types sont décrits à l'art. 279 du Règlement pour la Comptabilité des Recettes de l'Exploitation. Ce document règle toutes les questions de détail de la comptabilité des expéditions et des arrivages, questions trop complexes pour entrer dans le cadre d'une leçon.

Les deux types de carnets d'usage courant sont les mod. 141ᴘᶜ pour la grande vitesse et le mod. 133ᴘᶜ pour la petite vitesse.

Nous n'allons nous occuper que des seuls transports de petite vitesse.

Ecritures du transport

Le carnet modèle 133 P. C. comporte :

A. — Le récépissé au destinataire.

a) — La feuille (ou bordereau) de chargement.

B. — Le récépissé à l'expéditeur.

C. — La feuille registre d'expédition.

Ces carnets (ils sont appelés couramment « piqûres ») sont établis au décalque, à la machine à écrire ou à la main, à l'aide des renseignements portés sur la déclaration d'expédition.

Le bordereau de chargement doit *toujours* accompagner la marchandise.

Le récépissé au destinataire est envoyé directement à la gare destinataire avec la déclaration d'expédition et les pièces diverses qui, le cas échéant, s'appliquent au transport. Par exception, ces pièces accompagnent la marchandise dans les quatre cas ci-après:

1° Lorsque le train de marchandises est le moyen de communication le plus rapide ;

2° Pour tous les transports de bestiaux ;

3° Pour les transports de matériel forain ;

4° Pour les transports par wagons complets à destination du réseau du Nord et de ses au-delà. (Art. 284 du Règlement de Comptabilité).

———

Nous allons examiner successivement les diverses pièces qui accompagnent le transport, pièces dont vous avez quelques exemplaires sous les yeux.

Bordereau de chargement

Vous verrez, par la suite, quel rôle capital joue le bordereau de chargement. Ce bordereau comporte des indications essentielles : nature de la marchandise, nombre de colis, marques, provenance, destination, numéro du wagon transporteur. (Tous ces renseignements sont d'ailleurs mentionnés sur les écritures puisqu'elles sont établies au décalque).

Le bordereau comporte, en outre, un certain nombre de cadres pour mentionner les agrès (bâches, prolonges, etc.) et apposer le timbre à date des gares d'escale ou de transit.

Une expédition P. V. quelconque, qu'elle comprenne un ou plusieurs colis, doit être accompagnée jusqu'à destination par un bordereau de chargement.

Si une même expédition nécessite l'emploi de plusieurs wagons, on établit un bordereau de chargement pour chaque wagon et l'on porte sur chaque bordereau la mention « partie de 2, 3... wagons » (Art. 14 de l'Ordre Général 38).

L'emploi d'un bordereau pour chaque wagon d'une même expédition est nécessaire pour le cas où l'un des wagons composant l'envoi serait différé en cours de route; le bordereau resterait alors avec le wagon retenu et repartirait avec lui.

Feuille de tonnage

Voici une pièce dont nous n'avons pas encore parlé. Vous avez sous les yeux des exemplaires de feuilles de tonnage ; il en existe plusieurs types comme vous le voyez.

Le modèle 151, de couleur bulle, pour les wagons chargés pour une même destination.

Le modèle 151 *bis*, de couleur verte pour les wagons chargés de bestiaux ou de marchandises recommandées. Les trains par lesquels la marchandise doit être acheminée sont indiqués à l'avance sur cette feuille par la gare expéditrice.

Le modèle 151, de couleur jaune, qui est spécialisé aux transports de grande vitesse.

Le modèle 152, de couleur rose, pour *chaque* wagon contenant des marchandises pour plusieurs destinations.

Les conditions d'utilisation des feuilles de tonnage font l'objet des prescriptions des articles 14 et 18 de l'Ordre général 38.

J'attire votre attention sur ce que les feuilles mod. 151 et 151 *bis* peuvent être utilisées pour plusieurs wagons, étant entendu qu'ils auront tous la même destination, tandis que la feuille mod. 152 ne peut être utilisée que pour un seul wagon. Ce dernier modèle est d'ailleurs spécialement affecté aux wagons C. D. (Collecteurs-Distributeurs), dont je vous dirai quelques mots dans un instant.

Remarquez donc également la façon dont sont confectionnées les feuilles de tonnage : elles ont un volet à leur deuxième page et forment ainsi une sorte d'enveloppe dans laquelle seront placés le ou les bordereaux de chargement.

Tout wagon chargé doit être accompagné d'une feuille de tonnage, mais, comme nous venons de le voir, la même feuille peut comporter plusieurs wagons. Quand il s'agit de wagons d'une même expédition, on inscrit sur la feuille la mention « wagons solidaires à ne pas différer », afin d'attirer l'attention des gares de relais et des agents des trains sur l'utilité de ne pas séparer ces wagons qu'il y a intérêt à faire arriver en même temps à destination. Toutefois, il peut arriver qu'une gare de parcours soit obligée de différer un wagon faisant partie d'un groupe, par exemple si ce wagon est réformé pour avarie ; dans ce cas, la gare où le wagon doit être retenu fait continuer les autres après avoir annoté la feuille de tonnage. En outre, si le contenu du wagon différé doit être transbordé dans un autre wagon, la gare qui fait cette opération en avise la gare destinataire en lui donnant tous les renseignements relatifs à la continuation de la marchandise (Article 99 du Manuel de Manutention).

En plus du nom de la gare expéditrice et de celui de la gare destinataire la feuille de tonnage doit indiquer le numéro, les lettres de série et les initiales du Réseau propriétaire de chacun des wagons ainsi que la tare, le poids du chargement et le nombre de bordereaux de chargement de chaque wagon (Article 14 de l'Ordre Général 38). Elle doit aussi indiquer, si le chargement en comporte, les numéros et marques des bâches et prolonges (Instruction 397). Enfin, le cas échéant, elle doit mentionner le plombage ou le cadenassage des wagons (Article 15 de l'Ordre Général 38 et Instruction 599).

La feuille de tonnage accompagne le ou les wagons jusqu'à destination en service intérieur et jusqu'au point de transit seulement pour les wagons à destination d'un réseau étranger. Les gares de transit doivent donc établir une nouvelle feuille de tonnage.

Cette règle comporte toutefois des exceptions : c'est ainsi qu'une feuille de tonnage unique est utilisée pour l'acheminement des groupes de wagons complets d'un même point expéditeur à un même point destinataire des réseaux P.-O. et Etat. (Circulaire 1.222).

Feuille de mouvement du matériel (903)

Vous connaissez déjà cette pièce, dont l'utilisation vous a été expliquée dans la conférence sur la composition des trains.

Je vous rappelle que tous les wagons entrant dans la composition d'un train sont inscrits sur cette feuille.

Mais ce qui nous intéresse surtout au point de vue du transport, c'est l'inscription en regard de chaque wagon du nombre des bordereaux de chargement qui l'accompagnent. (Art. 12, Ordre général 38).

Le bordereau de chargement, la feuille de tonnage et la feuille de mouvement sont trois pièces qui jouent un rôle capital dans les transports.

Elles constituent de véritables « cartes d'identité », « un état civil ».

La feuille de mouvement pour le train ;

La feuille de tonnage pour le wagon ;

La feuille de chargement pour la marchandise.

Wagons C. D. (Collecteurs-Distributeurs)

Avant d'entrer dans le détail des opérations d'un transport effectif, je vais vous dire quelques mots des C. D.

Les C. D. sont affectés au transport des marchandises de détail, c'est-à-dire des expéditions qui ne constituent pas le chargement d'un wagon complet.

Leur dénomination découle de leur fonction ; ils collectent et distribuent des marchandises.

Tantôt, ils collectent et distribuent d'un même point à un même point, tantôt ils collectent sur une partie de leur parcours sans distribuer et distribuent sur une autre partie sans collecter.

Ils circulent par des trains spécialement désignés, collectent et distribuent sur des sections ou partie de section déterminées.

Leurs fonctions et leurs roulements font l'objet du « Tableau des C. D. ».

Je vous rappelle que chaque C. D. doit être accompagné d'une feuille de tonnage d'un type spécial — mod. 152, rose — dont le rôle est déterminé aux art. 14 et 18 de l'Ordre général 38.

Exécution effective du transport. — Rôle des bureaux du Mouvement.
INSTRUCTION 486

La marchandise, après reconnaissance, a été étiquetée et chargée dans le wagon qui doit la conduire à destination ou à un point de transbordement.

Le bordereau de chargement est « wagonné », c'est-à-dire porte le numéro du wagon dans lequel la marchandise a été chargée. (Le wagonnage a une grande importance, le défaut de wagonnage ou un wagonnage erroné entraînant très souvent la perte de la marchandise).

Le wagon attend son départ.

Ici va intervenir un organisme, le Bureau du Mouvement, dont le rôle est essentiel dans l'exécution effective du transport.

Vous avez déjà entendu parler de ce bureau dans une précédente conférence.

Le Bureau du Mouvement est l'axe d'une gare au point de vue de la circulation des wagons. Il centralise les départs et les arrivées. Il est dans la gare ce que le cœur et dans le corps d'un être vivant.

Entrons dans un Bureau de Mouvement. Qu'y voyons-nous ? Un personnel plus ou moins nombreux suivant l'importance de la gare. Ce personnel peut être divisé en deux catégories : le personnel qui travaille dans le bureau, personnel affecté aux écritures (commis et facteurs), et celui qui travaille sur les voies (pointeurs-releveurs).

Comme installations intérieures, des casiers, plus ou moins nombreux suivant les besoins, casiers qui servent au classement par directions des feuilles de tonnage et bordereaux. Un classement analogue est effectué également pour l'arrivée, les bordereaux étant répartis dans des casiers correspondant aux points de destination des wagons dans la gare, quais, débord, embranchements, etc.

Nous allons d'ailleurs suivre pas à pas les opérations de ce bureau, et les examens successifs vous montreront mieux que toute description quel travail complexe mais méthodique s'effectue dans un Bureau de Mouvement et quel intérêt majeur s'attache au fonctionnement régulier de cet organe.

Prenons le cas d'un wagon complet chargé de Paris à Blois, par exemple. Je prends le cas du wagon complet, qui est le plus typique ; quand nous l'aurons examiné, je vous dirai quelques mots du transport d'une marchandise de détail.

Nous allons donc suivre les opérations de trois Bureaux de Mouvement :

A Paris, opérations au départ ;

Aux Aubrais, opérations dans une gare d'escale ;

A Blois, opérations à l'arrivée.

A Paris : Opérations au départ

Le wagon chargé a été retiré du quai de chargement et dirigé par le service des manœuvres sur une des voies affectée aux wagons pour la direction des Aubrais.

Le bordereau de chargement a été remis par le Bureau Comptable au Bureau du Mouvement qui l'a classé dans le casier « Aubrais ».

Admettons, pour moins de complications, qu'il n'y a qu'un seul wagon en partance pour Blois. Le Bureau du Mouvement a établi une feuille de tonnage dans laquelle est inséré le bordereau de chargement. Feuille et bordereau, celui-ci dans la feuille, sont classés au casier « Aubrais ». (Si nous avions plusieurs wagons de Paris pour Blois, les bordereaux de chaque wagon seraient classés dans une même feuille).

Le service des manœuvres (Sous-Chef de gare ou Chef de manœuvres), qui a un train à former pour les Aubrais, fait connaître au Bureau du Mouvement qu'il incorporera dans ce train tant de wagons à prendre sur une ou plusieurs voies qu'il désigne. Notre wagon est compris dans le lot désigné.

Un pointeur-releveur se rend sur les voies indiquées, relève sur un carnet les marques et numéros des wagons, la Compagnie propriétaire et la destination.

Dès qu'il a recueilli tous ces renseignements pour tous les wagons indiqués, il retourne au bureau, remet ces renseignements à un employé qui recherche dans les casiers les écritures des wagons relevés, s'assure qu'il n'y a pas d'erreur de numéros, que les bordereaux sont bien classés dans leur feuille de tonnage, qu'il crée au besoin. Il examine, en outre, s'il ne reste pas dans les casiers des wagons en retard ou des wagons recommandés pour cette direction et les signale, le cas échéant, au service des manœuvres.

Puis avec ces documents, le bureau établit la feuille de mouvement mod. 903 et prépare le journal du train mod. 901 P.-O. en y inscrivant les renseignements connus avant le départ du train. On vous a indiqué dans une précédente leçon les conditions d'établissement de ces documents.

Pendant que le Bureau du Mouvement procède à ces opérations, le service des manœuvres réunit les wagons sur une même voie, les classe, assure leur freinage, en un mot, forme le train conformément aux instructions en vigueur.

Dès que les wagons sont ainsi réunis, le pointeur-releveur les pointe sur place, s'assure que rien n'a été changé aux dispositions primitivement arrêtées, que les wagons signalés comme étant en retard ou recommandés ont bien été ajoutés au train. Il prévient le bureau que tout est bien d'accord ou lui signale les modifications apportées.

Toutes les fois que cela sera possible, le pointeur-releveur établira sur place un deuxième relevé, après formation complète du train ; au moyen de ce deuxième relevé, le bureau vérifiera les écritures.

Le bureau réunit alors en un paquet toutes les écritures du train et remet ce paquet au chef de train.

Ce dernier, de son côté, établit ou fait établir sur place par un de ses conducteurs un relevé des wagons qui entrent dans la composition de son train et pointe ce relevé avec les écritures qui lui ont été remises. S'il découvre une erreur quelconque, il la signale au Bureau du Mouvement qui rectifie.

Ce bureau transmet ensuite aux Aubrais une dépêche donnant la composition du train.

Il arrive souvent que, faute de temps, le Chef de train ne peut vérifier la composition du train avant le départ. Il doit procéder à cette opération au premier arrêt du train et signaler par dépêche à la gare de départ les irrégularités qu'il a pu constater. Il annote en conséquence, le cas échéant, la feuille de mouvement mod. 903.

Opérations en cours de route (aux Aubrais)

Dès l'arrivée aux Aubrais, le Chef de train remet les écritures au Bureau du Mouvement. Un pointeur-releveur fait le relevé sur place dans les mêmes conditions qu'au départ et pointe son relevé avec les écritures remises par le Chef de train.

Avec ces pièces, il se renseigne sur l'affectation à donner à chaque wagon par le service des manœuvres ; il inscrit à la craie sur chaque wagon son affectation propre (quai, débord, etc., pour les wagons destinés aux Aubrais) et le nom de la gare destinataire ou le numéro de la voie sur laquelle il doit être dirigé pour chaque wagon destiné aux au-delà.

Les feuilles de ces derniers wagons sont classées dans les casiers *ad hoc* au bureau. C'est le cas du wagon pour Blois.

Quand ce wagon sera mis en partance, on effectuera aux Aubrais les mêmes opérations qu'au départ de Paris.

Opérations à l'arrivée à Blois

A l'arrivée du train, mêmes opérations qu'aux Aubrais.

Le wagon qui nous occupe, destiné au débord par exemple, sera marqué « débord » par le pointeur-releveur.

Le bordereau de chargement remis au Bureau Comptable sera rapproché des écritures (déclaration d'expédition et Récépissé au Destinataire) déjà parvenues à Blois et le wagon mis en livraison.

Transport d'un colis de détail

Ce colis aurait été chargé dans un C. D. Supposons le C. D. collecteur à Paris et distributeur des Aubrais à Tours. La feuille de tonnage mod. 152, renfermant tous les bordereaux, aurait subi le même sort que les autres feuilles des wagons acheminés par le même train. A Blois, la marchandise aurait été déchargée et le bordereau retiré de la feuille de tonnage après apposition du poinçon de la gare de Blois dans la colonne *ad hoc* de la feuille de tonnage.

Je n'examinerai pas les opérations purement comptables qui s'effectuent à l'arrivée et qui sortent des limites de cette conférence. Le Règlement pour la Comptabilité des Recettes de l'Exploitation, dont je vous ai déjà parlé, traite de la question dans tous ses détails.

Ce qui nous intéresse surtout, actuellement, ce sont les opérations des Bureaux de Mouvement.

Dans cet exposé rapide de l'acheminement d'un wagon de Paris à Blois, nous avons supposé qu'aucune irrégularité n'était survenue.

Malheureusement, dans la pratique, il n'en est pas toujours ainsi. Les irrégularités sont souvent nombreuses : wagons sans feuilles, feuilles sans wagons, séjours anormaux, numéros des wagons tronqués, destinations erronées, wagons dévoyés, etc.

Les plus fréquentes de ces irrégularités portent sur les wagons sans feuilles et les feuilles en trop.

Wagons sans feuilles

Avec toutes les précautions prises au départ, vous devez vous demander comment il peut arriver qu'un wagon puisse partir sans écritures.

Les départs sans feuilles sont dus à des causes multiples :

Remise tardive des déclarations au bureau, ayant pour conséquence l'établissement tardif des écritures ;

Bordereaux de chargement non wagonnés ;

Ecritures mal établies ;

Wagons non relevés par suite d'omission ou de défaut d'entente avec la manœuvre ;

Wagons non relevés comme vides;

Feuilles égarées ;

Feuilles restées au casier par suite de mauvais pointage, etc., etc.

Quand une gare reçoit un wagon sans écritures, elle établit un bordereau pour ordre sur lequel elle inscrit les renseignements qu'elle peut se procurer au moyen des inscriptions ou des étiquettes se trouvant sur le wagon ou sur son chargement. Elle avise ensuite la gare de formation du manquant des écritures et, si elle connaît la destination du wagon, elle le fait suivre avec le bordereau pour ordre et une feuille de tonnage.

Feuilles en trop

Les irrégularités de cette nature proviennent :

De l'envoi de wagons avec bordereaux applicables à d'autres véhicules par suite d'erreur de pointage (il y a, dans ce cas, un wagon sans feuille et une feuille en trop) ;

De mauvais classement de feuilles mélangées à d'autres ;

De l'envoi tardif de feuilles ayant déjà manqué à un train précédent, etc., etc.

Quand une gare constate un « en trop », elle adresse les écritures sous pli et par le moyen le plus rapide à la gare destinataire ou à la gare de transit, après avoir apposé sa griffe à date et mentionné le numéro du train de départ.

Séjours anormaux

Les mesures à prendre pour faire disparaître les séjours sont énumérées dans l'instruction 486, qui nous dit :

« Lorsqu'un wagon subit un séjour anormal dans une gare, le Bureau du Mouvement colle dans l'angle supérieur droit de la feuille de tonnage une étiquette gommée ronde de couleur verte.

« Les wagons dont les feuilles sont ainsi signalées sont relevés avant formation du train qui peut les prendre et la liste remise au Chef de manœuvres pour assurer leur départ. » (C'est la liste des vieux wagons).

Je tiens à vous faire remarquer, au sujet des séjours, qu'en outre du retard qu'ils imposent à la marchandise, ils contribuent pour une large part à la crise des transports en immobilisant pendant un temps plus ou moins long un matériel qui reste ainsi inutilisé et n'entre plus par suite dans le parc du matériel utilisable que longtemps après.

Nécessité de faire disparaître les irrégularités

Il résulte de tout ce qui vient d'être exposé qu'il est essentiel pour la régularité d'un transport que toute marchandise mise en circulation soit toujours accompagnée de ses écritures.

Les wagons sans feuilles, et ils sont beaucoup trop nombreux, constituent une véritable plaie pour les gares.

En outre du séjour tant du wagon que de la marchandise, ils entraînent pour les gares un surcroît de travail : échange de dépêches et de correspondances, établissement de feuilles pour ordre, qui pèse lourdement sur leur fonctionnement normal.

Vous observerez peut-être que l'étiquette dont le wagon doit être porteur permet d'acheminer le wagon sur sa destination. Evidemment, mais à condition que cette étiquette existe bien et que son libellé ne prête pas à ambiguïté. Et c'est ce qui arrive malheureusement trop souvent : un nom mal écrit, mal orthographié, une étiquette délayée par la pluie. etc.

Et quand l'étiquette a totalement disparu ! Il n'y a plus qu'une épave.

Une mesure récente vient d'être prise pour atténuer dans la plus large mesure possible les inconvénients de ces irrégularités ; un décret ministériel vient de prescrire l'apposition sur certaines catégories de wagons complets d'une étiquette portant, en plus du nom de la gare expéditrice et de la gare destinataire, celui de l'expéditeur (facultatif) et celui du destinataire.

Ce sera là, évidemment, un palliatif sérieux.

Quels que soient les moyens détournés employés pour atténuer les effets désastreux de l'absence des écritures, les tranports ne s'effectueront normalement que lorsque le travail des Bureaux de Mouvement sera normal.

Une coordination absolue dans les opérations de ces bureaux et des manœuvres, un pointage soigneux des wagons sur le terrain et des écritures dans les bureaux, un classement méthodique des feuilles dans les casiers, voilà ce qu'il faut obtenir dans une gare.

Le personnel ignore trop les lourdes conséquences du mauvais travail de ces bureaux : les wagons en retard, les wagons dévoyés, même totalement perdus, se chiffrent par centaines et les indemnités payées de ce fait par millions.

Comme je vous le disais, le Bureau du Mouvement est dans une gare ce que le cœur est dans le corps humain. Quand le cœur fonctionne mal, tout l'ensemble du corps humain est atteint. Les mêmes effets se produisent dans une gare.

Cette comparaison suffira, je pense, à vous démontrer l'importance des Bureaux de Mouvement.

TITRE III

NOTIONS SUR LA RÉPARTITION DU MATÉRIEL

Conférence de M. LAUBERSAC

Chef de Bureau Principal de la répartition du Matériel et des Echanges

OBSERVATIONS GENERALES

On désigne sous le nom de Répartition du Matériel « les opérations **Objet de la Répartition.**
« statistiques et les mouvements de matériel effectués chaque jour sur
« l'ensemble du réseau pour fournir aux gares les ressources en voitures,
« wagons et agrès qui leur sont nécessaires pour assurer leur service ».

Il serait simple et rationnel de dire à toutes les gares : « vous utiliserez
« pour couvrir vos besoins tout le matériel que vous recevrez chargé ».

Mais pour que cette mesure puisse être appliquée, il faudrait que les
gares reçoivent régulièrement un nombre de wagons chargés égal en types
et en tonnages à celui qui leur est nécessaire pour assurer leurs chargements.

Or, dans la pratique, cet équilibre est tout à fait exceptionnel. Certaines
gares reçoivent plus qu'elles n'expédient, d'autres expédient plus qu'elles ne
reçoivent et la nature des marchandises fait que le type des wagons reçus
chargés ne convient pas pour assurer le chargement des marchandises à
expédier (un wagon découvert reçu chargé de bois ou de pierre ne peut être
utilisé pour charger des bestiaux ou des farines).

D'autre part, certains transports devant être assurés d'urgence, il
importe que les gares où ils doivent s'effectuer reçoivent le matériel nécessaire même au détriment des autres (les bestiaux et les denrées périssables
ne supportent pas de retard, tandis que le chargement de grains, de fûts, de
matériaux de construction, etc..., peut être retardé sans inconvénients).

Enfin, certains centres de chargements intensifs, tels que les ports, les
mines et les grosses usines doivent être régulièrement alimentés.

Il est donc nécessaire de répartir le matériel entre les diverses gares en
tenant compte de la nature et de l'importance de leurs besoins et de leurs
ressources.

En raison du grand nombre de points à desservir, il serait matérielle- **Division du réseau
ment impossible à un organe unique d'assurer la répartition.** **pour la répartition
On divise donc le travail en procédant par échelons.** **du matériel.**

A cet effet, les gares du réseau sont groupées en circonscriptions rattachées à une gare dite « gare de répartition » ; les gares de répartition sont

rattachées à un Arrondissement et les Arrondissements au Service Central.

La répartition du matériel est ainsi assurée :

a) entre les gares d'une même circonscription par le Chef de gare de la gare de répartition (1er échelon) ;

b) entre les gares de répartition d'un même Arrondissement par le Chef d'Arrondissement (2e échelon) ;

c) entre les Arrondissements par le Chef de l'Exploitation, Bureau de la Répartition du Matériel (3e échelon).

En outre, un organe commun à tous les réseaux français, la Commission de Surveillance de la Répartition du Matériel, se réunit chaque semaine pour répartir le matériel entre les réseaux.

Opérations de répartition

Les diverses opérations de la Répartition sont réglées dans tous leurs détails par l'Instruction 377 (3e tirage).

Elles se résument comme suit :

Opérations des gares. *a) Matériel P. V.* (wagons et agrès) :

Chaque jour, en fin de journée, toutes les gares établissent leur situation en matériel ; on dit qu'elles font leur « restant en gare ».

Elles déterminent pour la journée du lendemain :

1° leurs besoins : nombre des wagons et des agrès (par types) nécessaires pour les chargements qu'elles ont à assurer elles-mêmes, ainsi que ceux qui leur ont été demandés par les expéditeurs ; le total obtenu représente le « matériel demandé » ;

2° leurs ressources : nombre des wagons et des agrès présents en gare, qu'ils soient vides ou chargés en attente de déchargement. Ce total, déduction faite des wagons inutilisables (wagons réformés, wagons en souffrance, wagons à envoyer à la désinfection), donne le « matériel à disposition ».

La balance entre les deux totaux fait ressortir soit un excédent à mettre à la disposition de la gare de répartition, soit une insuffisance à combler par cette dernière gare.

Ces renseignements sont inscrits sur un état (le mod. 1020 P. V.) qui est envoyé à la gare de répartition.

b) Matériel à voyageurs (voitures et fourgons) :

La composition et l'évolution des trains de voyageurs étant fixées à chaque changement de service (été et hiver) par des tableaux dits « roulements », seules les gares désignées pour assurer la formation des trains sont tenues d'établir chaque jour leur situation en matériel à voyageurs.

Comme pour le matériel P. V., ces gares déterminent :

1° leurs besoins : nombre des voitures et fourgons nécessaires, pour remplacer des réformés, pour assurer le forcement de certains trains (foires, fêtes, etc...), ou pour former des trains spéciaux à l'occasion de mouvements exceptionnels ;

2° leurs ressources : voitures et fourgons présents en gare, déduction faite des réformés et des véhicules compris dans les roulements.

Ces renseignements sont reportés sur un état (le mod. 1020 voyageurs) dont un exemplaire est envoyé à la gare de répartition et le deuxième au Service Central (Bureau de la Répartition du Matériel).

Les situations journalières des gares (mod. 1020 P. V. et 1020 voyageurs) servant de base à toutes les opérations de répartition, il importe qu'elles soient établies avec la plus grande exactitude et, notamment, que le relevé du matériel reçu et expédié (le carnet mod. 1023) soit tenu avec le plus grand soin et constamment à jour.

Opérations des gares de répartition.

Les gares de répartition centralisent les situations (1020 P. V. et 1020 voyageurs) de toutes les gares de leur circonscription.

Elles reportent sur un état (mod. 1025) les chiffres donnés par chaque gare. Elles totalisent et obtiennent ainsi, par type de voitures ou de wagons et par nature d'agrès le matériel demandé et le matériel à disposition sur l'ensemble de leur circonscription.

Ces renseignements reportés sur l'état mod. 1021 sont transmis par dépêche à l'Arrondissement. C'est la « dépêche de répartition ».

Elles donnent ensuite aux gares qui ont des excédents des ordres d'envoi sur celles qui ont des insuffisances.

Toutefois, en période de trafic intense, les Arrondissements peuvent interdire aux gares de répartition de disposer d'office du matériel. Dans ce cas, les ordres de répartition ne sont donnés aux gares qu'après autorisation de l'Arrondissement.

Les gares de répartition doivent servir les demandes dans leur ordre d'ancienneté en faisant exception, toutefois, pour celles qui présentent un caractère d'urgence (les bestiaux notamment). Elles doivent s'attacher à réduire au minimum les parcours de matériel vide en prenant les wagons disponibles le plus près possible du point d'utilisation.

Les différentes pièces de répartition (états des gares et états des gares de répartition) sont envoyées sous pli spécial à l'Arrondissement.

Opérations des Arrondissements.

A l'aide des renseignements reçus de leurs gares de répartition, les Arrondissement établissent leur situation générale.

Ils équilibrent les ressources entre les diverses gares de répartition et distribuent le matériel en tenant compte, s'il y a lieu, des mouvements prescrits par le Service Central.

Ils établissent ensuite un rapport d'ensemble (le mod. 1021 *bis*) qu'ils adressent au Bureau de la Répartition du Matériel.

Il appartient aux Arrondissements de contrôler le travail de leurs gares; ils doivent suivre tout spécialement les séjours de matériel et prendre toutes mesures utiles pour activer son évolution.

Opérations du Service Central.

Chaque matin, à l'aide des renseignements qu'il reçoit des Arrondissements le Bureau de la Répartition du Matériel établit la situation générale du réseau.

Il équilibre les ressources entre les Arrondissements, règle les courants de matériel vide et leur donne, par téléphone, les ordres d'envois ou les avise des concours qu'il leur fait donner.

Le Service Central contrôle le travail des Arrondissements, des gares de répartition et des gares, soit en se faisant adresser les pièces de répartition, soit en envoyant des fonctionnaires sur le Réseau.

En résumé, l'organisation schématique de la répartition sur le réseau se présente comme suit :

1ᵉʳ ÉCHELON *(gares de répartition)*	2ᵉ ÉCHELON *(Arrondissements)*	3ᵉ ÉCHELON *(Service Central)*
Paris-Ivry Brétigny Massy-Palaiseau	Paris	
Orléans Vierzon Bourges Châteauroux	Orléans	
Tours Angers La Flèche	Tours	Bureau
Nantes St-Nazaire Auray Quimper	Nantes	de
Poitiers Angoulême Bordeaux-Bde Limoges-Mis Le Blanc	Bordeaux	la Répartition
Montluçon Guéret La Châtre Ussel Eygurande	Montluçon	du
Limoges-Bins Brive Périgueux Bergerac Le Buisson Monsempron-Libos	Périgueux	Matériel
Capdenac Aurillac Cahors Lexos Tessonnières	Toulouse	

Répartition du matériel houiller

La répartition du matériel houiller (wagons tombereaux) est soumise à des règles spéciales.

En principe, les tombereaux sont affectés aux seuls chargements des combustibles minéraux et dirigés d'office, après déchargement, sur les gares desservant les ports et les bassins houillers. A cet effet, le réseau est divisé en secteurs (Instruction 377, 3ᵉ tirage) qui alimentent normalement les ports

(Paris, Bordeaux, Nantes) et les mines (bassin de l'Allier, bassin de l'Aveyron).

Seul, le Service Central peut modifier les courants des tombereaux et étendre leur emploi à des marchandises autres que les charbons.

En pratique, lorsque le matériel houiller est abondant, les gares sont autorisées à utiliser les tombereaux pour le chargement des marchandises de toute nature et pour toutes destinations.

Par contre, lorsque le matériel est insuffisant dans les ports et les bassins, l'utilisation des tombereaux est strictement limitée au chargement des combustibles minéraux et des marchandises à destination des ports et des houillères.

Agrès de chargement

Les agrès de chargement comprennent : les bâches, les prolonges, les tréteaux et les cales.

Bâches. Les bâches sont fournies en location par la Société Anonyme des Anciens Etablissements Cauvin-Yvôse (S. A. C. Y.).

Aux termes du traité passé avec cette Société, nous payons:

1° une redevance de location pour chaque bâche en notre possession ;

2° la valeur de toute bâche perdue ;

3° la valeur des morceaux manquants.

Les prix de location et de remboursement des bâches perdues et des morceaux manquants sont fixés chaque année d'après la valeur marchande de la toile et de l'huile de lin au cours des cinq dernières années.

Nous payons de ce fait, à la S. A. C. Y., des sommes très élevées :

        3.449.646 fr. en 1922
        3.499.911 fr. en 1923
        3.330.536 fr. en 1924
        3.379.903 fr. en 1925
        3.514.692 fr. en 1926

Ces sommes s'appliquent à un effectif moyen journalier de 8.000 bâches :

Il y a donc intérêt à utiliser les bâches le plus rationnellement possible et à les faire évoluer très rapidement de façon à diminuer leur nombre et réduire ainsi les frais de location.

Il convient, en outre, de veiller à leur conservation en bon état et, à cet effet, il est recommandé de ne pas les laisser traîner dans les cours des gares ou sur les quais, de les plier et de les mettre à couvert.

Les bâches envoyées en répartition doivent toujours être pliées de façon que les marques et numéros soient apparents.

Aux termes de « l'Instruction réglant l'usage réciproque des agrès sur les réseaux français » les gares ne doivent utiliser, pour un chargement à destination d'un autre réseau, que des bâches appartenant au réseau destinataire ou au réseau expéditeur. Une gare P.-O. ne peut donc utiliser pour un chargement à destination d'une gare Midi qu'une bâche Midi ou, à défaut, une bâche P.-O. Toutes les bâches des autres réseaux dont les gares n'ont pas l'emploi pour des chargements à destination du réseau propriétaire doivent être rapatriées haut-le-pied.

Prolonges. Notre réseau possède deux sortes de prolonges : les prolonges fixes et les prolonges mobiles.

Les wagons plats P.-O. sont presque tous munis de deux prolonges fixées à chaque extrémité du wagon au moyen de crochets.

Les prolonges mobiles sont destinées à parer soit à l'absence, soit à l'insuffisance des prolonges fixes.

Une prolonge coûte actuellement 40 francs environ.

Tréteaux. — On distingue deux types de tréteaux : les tréteaux à bois et les tréteaux à rails.

L'emploi de ces agrès devient de moins en moins fréquent, les réseaux possédant des wagons de grande longueur et des wagons spéciaux munis de tréteaux pivotants qui permettent le chargement des pièces de grande longueur sans recourir à l'usage des tréteaux mobiles.

Cales. — Il existe deux sortes de cales : les cales ordinaires et les cales à crampon.

Les cales ordinaires ne sont plus guère utilisées en raison de leurs faibles dimensions et de leur peu de résistance.

Les cales à crampon sont fournies au réseau par le Service Central ; elles sont livrées par divers fournisseurs et coûtent 250 francs le mille, soit 0 fr. 25 pièce.

En raison de leur prix élevé, il y a intérêt à les utiliser sans gaspillage et à les recueillir soigneusement après déchargement des wagons.

Répartition des agrès. — La répartition des agrès se fait comme celle des wagons.

Il est tout spécialement recommandé aux gares de répartition de s'assurer qu'une gare qui a demandé des wagons et des agrès reçoive bien en même temps les wagons et les agrès nécessaires de manière à éviter l'immobilisation des wagons.

Inscription des agrès sur les écritures. — Toute gare qui utilise des agrès sur chargement doit mentionner sur les écritures (feuilles de tonnage et bordereaux de chargement), les marques et numéros des bâches, le nombre de prolonges et de cales (cales à crampon seulement).

Cette prescription présente un intérêt tout particulier pour les chargements à destination des autres réseaux, les indications portées sur les écritures servant de base à l'établissement des comptes d'échanges d'agrès entre réseaux.

Commission de surveillance de la répartition du matériel

La Commission de Surveillance de la Répartition du Matériel composée d'un représentant de chaque réseau est chargée d'assurer la répartition équitable du matériel entre les réseaux français, en maintenant constamment sur les lignes de chaque réseau le nombre des wagons de chaque type auquel il a droit. Ce nombre est, en principe, basé sur l'importance des effectifs appartenant en propre à chacun d'eux.

Cette Commission se réunit une fois par semaine : elle examine les mouvements de wagons chargés et vides effectués entre les réseaux pendant la semaine écoulée et, compte tenu des effectifs présents sur chaque réseau, des excédents, des insuffisances, des courants de trafic normaux et des courants exceptionnels qu'il est possible de prévoir, elle prescrit les mouvements de matériel vide à exécuter pour ramener l'équilibre sur chaque réseau.

Ces mouvements doivent être obligatoirement exécutés pendant la semaine suivante. Ils s'effectuent, autant que possible, en matériel appartenant au réseau destinataire et à une cadence journalière moyenne calculée d'après le nombre total des vides à envoyer dans la semaine.

1.500 ex., in-4° carré bulle 10 k. (892-6-27). — CAHORS. IMP. COUESLANT

www.ingramcontent.com/pod-product-compliance
Lightning Source LLC
LaVergne TN
LVHW011406170726
843501LV00006B/2035